ある日の入管

～外国人収容施設は“生き地獄”～

織田朝日

目次

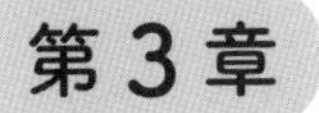

第3章

第4章

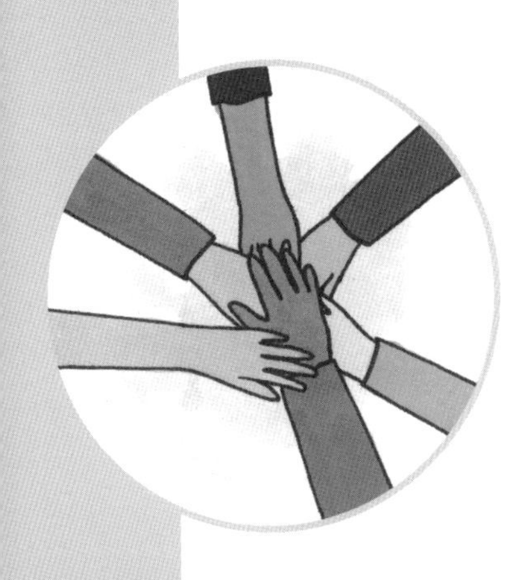

第5章

はじめに

皆さんは覚えているでしょうか？　若い子はまったく知らないできごとかもしれません。2003年にアメリカがイラクのサダム・フセイン政権に総攻撃をかけるため、イラク戦争が開戦しました。町は破壊され、多くの人が亡くなりました。戦争とは本当に痛ましいものだと感じさせるできごとでした。

そこで私は初めて、アブグレイブ刑務所やグアンタナモ収容所など、捕虜になったりテロ容疑をかけられた人を拘束したりする施設のことを知りました。そこでは、被収容者に対する激しい虐待が行われていました。私は、「人間が人間の自由や時間、尊厳を奪い、酷い扱いをすることは決して許されない」と、ニュースを観ながら激しい怒りを覚えたものでした。

翌2004年、政治的理由で日本へ逃れてきているクルド人難民たちと偶然に出会ったことをきっかけに、日本にも同じような収容所があるのだと初めて知りました。最初はまったく知識がありませんでした。ただ、それにより泣いている人がいる、苦しんでいる人がいる。それだけで私の心が強く突き動かされていきました。

その後も、多くの外国籍の方と出会い、話を聞いて、自分自身でも調べていくうちに日本の入国管理庁のやり方に大きな疑問を抱いていきました。

「ビザがないのだから、収容・虐待されても自業自得。自分の国に帰らないからいけない」という意見の人も多いのではないかと思います。どんな意見も自由なので、それは仕方がないと思っています。

しかし、なぜこんなことが起きているのか、いろいろ学んでから見極めていただきたいのです。そのうえで改めて「自分はこう思う」と主張してもいいのではないでしょうか。よく事情も知りもしないで、ただ漠然と「ビザがないから犯罪者、出て行け！」では悲しいものがあります。

ビザがない人たちには、いろいろな事情があります。それでも収容されればやむなく帰国する人たちが大多数です。しかし、難民として日本に保護を求めてきた人たちは、収容されても危険な母国へは帰れません。日本が難民条約を結んでいるからには、受け入れるのが先進国としての役目だと思います。
それなのに先進国の中での難民受け入れ率は日本が最下位。申請者のうち1%も認められないというのは、あまりにも入管の審査がしっかりしていないからだと言われています。この点は、専門家がもっと正しい判断をすればよいだけの話なのです。
日本人配偶者がいたり、子供がいたりする人も帰れません。20年、30年と日本に基盤を築き、今さら帰れる場所などない人もいます。100人いれば100人、事情はさまざまですが、帰れない事情のある人は何年収容されようと帰ることができません。
もちろん、何らかの犯罪をしてしまってビザを喪失し、刑務所から入管に来た人もいます。日本人なら刑期が終わればそれで終了ですが、刑期が終わったとたんに収容されてしまい、そこから無期限で何年も過ごすというのは、まるで二重の刑罰を与えられているようです。
罪の種類によってはビザを喪失し、送還することもやむをえない場合もあるのかもしれません。でも本当に微罪だったり、生活のためにやむをえなかったりという人もいます。心から反省している人もいます。えん罪の人だっているのです。

すべてを一緒くたにせず、一人一人のケースを見て丁寧に判断してほしいと私は思っています。それに、犯罪歴があれば入管がどんな目に遭わせても痛めつけてもいいというのは大きな間違いです。

ただ残念ながら、議論以前に外国人の収容施設があることはほぼ知られていません。私は多くの人にこの問題を知ってもらい、この行為が正しいのか否か、考えてほしいと思いました。

2016年頃から、入管でのできごとを描いた漫画を少しずつネットでアップしていきました。内輪ではわりと好評だったので、なんとなく続けて行きました。すると「漫画を見ました、分かりやすくていいですね」「ネットで漫画を見て、入管のことを始めて知りました」そんな声が少しずつ増えてきました。

そこで「ゆっくりでもいいから、100話を目標にして続けていこう」と決めました。絵を見れば一目瞭然だと思いますが、私はもともとプロの漫画家でもないし、絵の勉強もしたことがありません。小学生のころ、漠然と「漫画家になれたらいいなあ……」と考えたことくらいはありました。ですから、まさかこんな大人になってから出版のお声がかかるとは晴天の霹靂です。世の中、何が起こるかわかりません。

そんな稚拙な漫画ですが、多くの人に見ていただき、少しでもこの問題に心を留めていただけたらありがたいです。どうぞ、最後までおつきあいください。

織田朝日

第1章

知られざる入管収容所

ごあいさつ

こんにちは織田朝日ともうします。
ひょんなことから日本にある入管の問題にかかわっています。
入管は主に外国人を管理する施設なのですが
外国人専用の収容所(場)がありビザのない人々が無期限に収容されています
私は収容されている人の支援をしているのですが
7から10Fが収容施設
環境は一言でヒドイです。ここでは多くの外国人が様々な虐待をうけています。
日本で入管の事を知っている人はまだまだ少ないです。
こちらは娘のぴんくです
このマンガにたびたび登場します
この問題を多くの人に知ってほしくてマンガにしました。読んでくれたらうれしいです。

ひとこと　「漫画だとわかりやすい」との声が多く、うれしいです。みなさんと一緒にこの問題を考えていけたらと思います。

東京入管のご紹介

私は主に東京入管によく来ます。この話によく出てくる部署は1Fと7Fの
面会受けつけ
ここは比較的感じがいいです。目が笑ってないという意見もあるけどね
7Fの処遇部門 収容者を直接管理しています
全員が悪い人とは言えないけど、収容者をいたぶる役目はこの人たち
4F総務課 申し入れなど窓口はここ
エリート意識が高いイメージだけど何気に他の部署に雑用おしつけられてる気がする
6F違反審査 仮放免を決める所とも言われている
自分の住む県以外に行きたい時はここで許可をもらわないといけない。ほぼ、くれないね
まあ

イジワルだから

ひとこと 面会受付は、年々感じがよくなってきています。昔は怒鳴る職員ばかりでしたが、市民の監視の目があればこそです。

残酷な入管施設

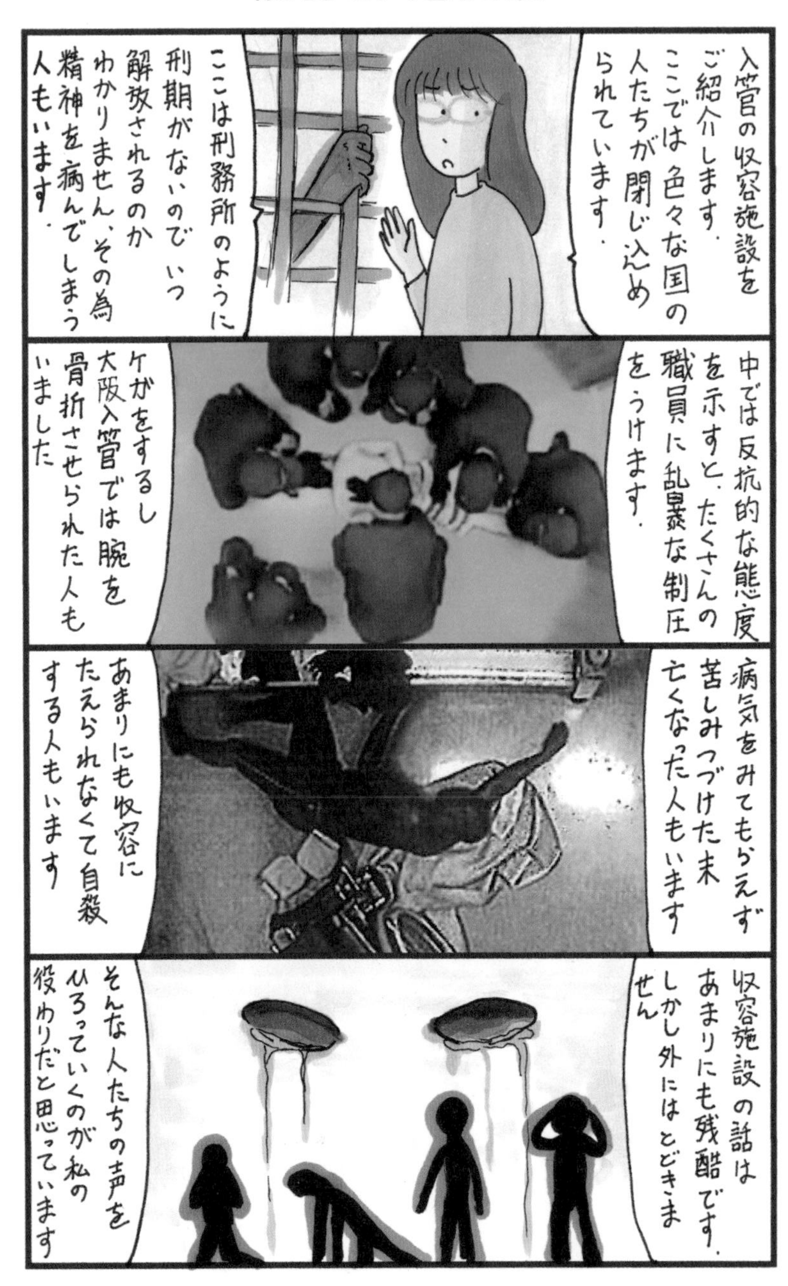

入管の収容施設をご紹介します。
ここでは色々な国の人たちが閉じ込められています。
ここは刑務所のように刑期がないのでいつ解放されるのかわかりません、その為精神を病んでしまう人もいます。
中では反抗的な態度を示すと、たくさんの職員に乱暴な制圧をうけます。
ケガをするし大阪入管では腕を骨折させられた人もいました
病気をみてもらえず苦しみつづけた末亡くなった人もいます
あまりにも収容にたえられなくて自殺する人もいます
収容施設の話はあまりにも残酷です。
しかし外にはとどきません
そんな人たちの声をひろっていくのが私の役めりだと思っています

ひとこと 信じられないことも多いかと思いますが、すべて実話に基づいて書いています。2004年頃から今に至るまでの話です。

消すことの出来ない痛み

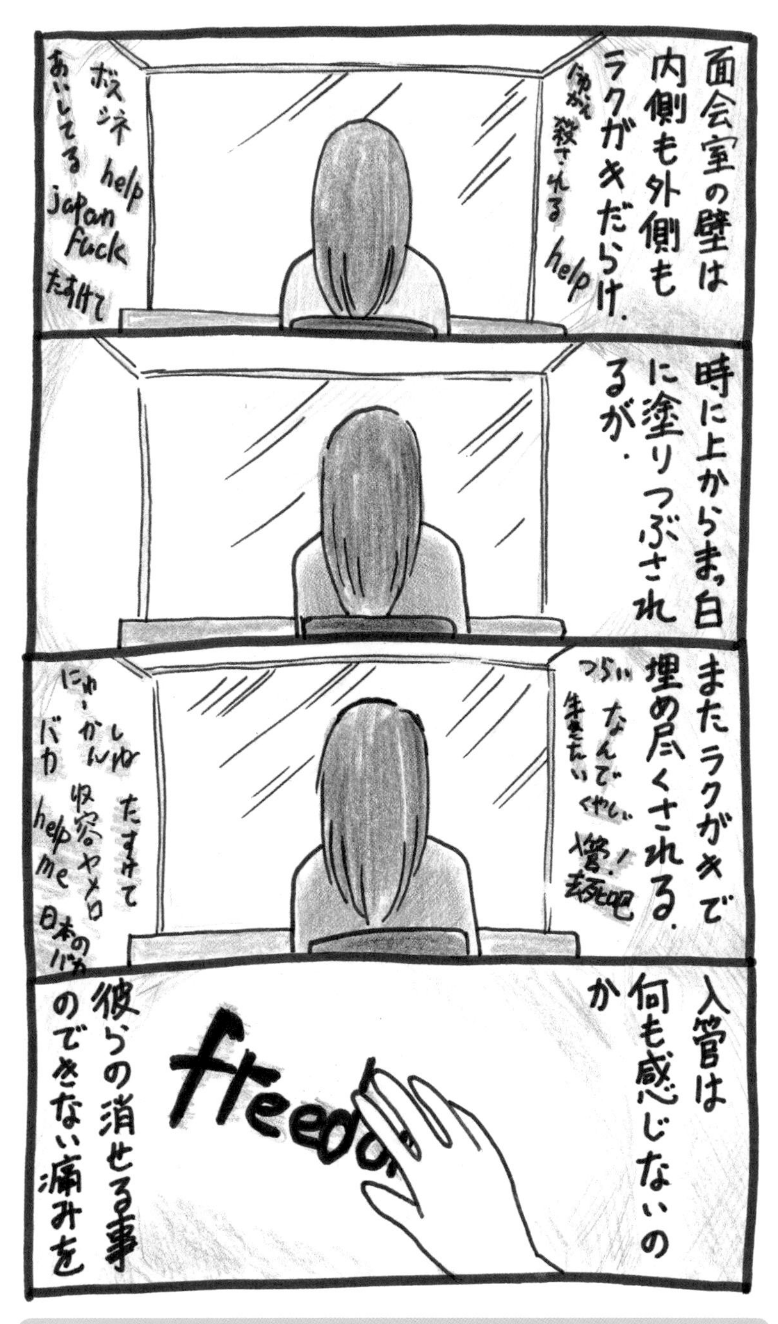

ひとこと　昔は壁一面すごい落書きだった。最近は厳しくしているので少ないけど、それでも落書きが消えることはない。

相手の気持ちを考えて

ひとこと すごく喜ばれると勘違いしていた自分が恥ずかしい。相手の置かれている立場をよく考えようと思いました。

みんな子供が大好き

ひとこと 家族と離れ離れになった人もいるので辛いですね。でも子供を連れていくと、ほとんどの人が喜んでくれます。

面会が嫌な人はいない

ひとこと　面会した相手が無口でも、焦らないでください。面会されることを嫌がる人は滅多にいません。

突き飛ばさなくても

ひとこと

なぜ突き飛ばすのか、まったく理解ができませんでした。本当に何でもありです、ここは。

怒りのはけ口がない

ひとこと 面会者が責められてしまうこともたまにあります。彼らにもはけ口がないので仕方がないのですが……ちょっと参っちゃう。

なぜお弁当に虫が!?

ひとこと 髪の毛、鉄くず、虫など、どうしたらそんなに食べ物に混入できるのか? 10年以上前からこうした証言は後を絶ちません。

友達じゃなかったのかよ

ひとこと 「本当に迷惑だと思っていたのか？」と問い詰めたら、その職員は「僕も友達だと思っています」と言っていました。

アクリル板の向こうは"この世の地獄"

ひとこと

彼女は鉛筆削りの刃物で体中を切ったと聞きました。「首は固くてなかなか切れない」という証言が生々しかったです。

夢の中までも追い詰められる

ひとこと 職員に刺されたり撃たれたりといった夢をみるというのは複数の方の証言です。夢の中でも被収容者は追い詰められている。

手錠・腰縄で歩かされる被収容者

まさかこんなことになるとは思いもよらず、本当に頭が真っ白になってしまいました。

彼の人生を狂わせてしまった？

ひとこと　ちゃんと会って謝罪をして、写真のアップを続けさせてもらいたい主旨を正直に言おうと思いました。

絶対に助けるから……！

ひとこと　何と、彼も通訳も同じ気持ちでした。写真の消去はせず、彼は解放されて東京入管の腰縄も廃止されました。

税金を使うのがもったいない!?

ひとこと　この入管の常勤医と、ペシャワール会の故・中村哲医師とは、天と地底くらいの差がある。比べてはいけない。

この人は本当に医者なのだろうか

医者は誰であろうが平等であるべきなのですが、特におとなしい人に目をつけて、嫌がらせをするらしいです。

「GOGO！ 制圧！」と暴行を指示

ひとこと　さすがにこんなことを言うだろうか？ でも、言われた当事者は「監視カメラを見れば本当かどうかわかる」と断言しています。

シャワー室のお化け

ひとこと 拘禁症状による幻覚の可能性もありますが、この施設だと本当に出てきてもおかしくないような気が、私はしています。

みかんのお礼

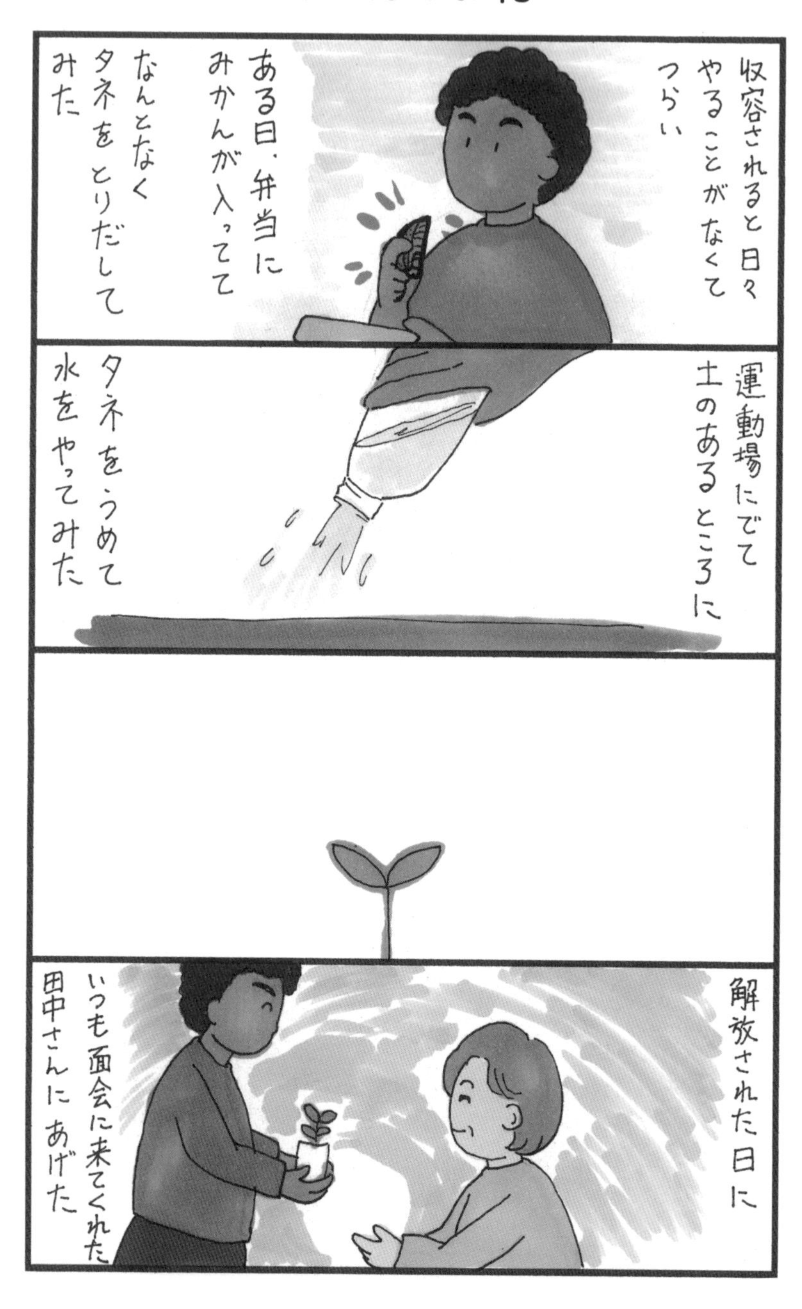

ひとこと 希望を持てず、やることがなにもない中で、収容されている人もいろいろと考えるのだなと感心しました。

入管キーワード【1】

【入管(にゅうかん)】

1950年10月設立の出入国管理庁（外務省外局）から、1952年8月に法務省内局へと移行した「入国管理局」の略称。2019年4月、入管局は「出入国在留管理庁」（法務省外局）に格上げされた。

「出入国管理及び難民認定法」に関連する行政全般を、つまり出入国・在留「管理」だけではなく難民認定手続きも担当する。外国人の監視・調査・取締りの機関としての性格が強い。八つの地方入管局、七つの支局、二つの収容・送還専用の施設（茨城県の東日本入管センター、長崎県の大村入管センター）で、外国人を収容している。

【入管収容施設】

入管収容施設は全国で17か所ある。在留資格（ビザ）のない外国人（超過滞在者、非正規の入国者、その他の事情で在留資格を更新されなかった、または取り消された人）は、違反調査・審査の間には「収容令書」により最長60日間、そして「退去強制令書」（送還命令）発布後には無期限に、入管収容施設に拘束される。

収容停止（仮放免許可）の可否は、当局の

広範な裁量に委ねられている。いつ出られるともわからない長期収容の苦しみ、適切な医療を与えられない、人間的尊厳を否定する劣悪な収容環境、職員の偏見やイジメ・虐待などにより、帰国できない事情をもつ多くの外国人たちが心身を蝕まれていく。

【東京入管】

東京都港区港南に所在する東京入国管理局（地方入管局）。在留資格の認定・延長・変更、難民認定申請の審査など、在留外国人向けの行政手続き全般を担う。その一方で、違反調査・審査、収容、送還の拠点でもあり、建物の7階から上が収容施設になっている。

東京入管での収容が長期化すると、男性の場合は牛久入管に移されることが多いが、近年は女性が他の収容施設に移されることはほとんどなくなった。ここに収容されている女性には、特に長期収容されている人が多い。

【牛久（うしく）入管】

茨城県牛久市に所在する「東日本入国管理センター」（収容・送還専用の施設）の通称。1993年12月に設立。交通アクセスが悪く、JR牛久駅から路線バスで30分以上かかる。近年は男性だけが収容されているが、トランスジェンダーの女性が何の配慮もなしに放り込まれたこともある。

自殺未遂、ハンスト……。入管に収容された外国人たちが、命をかけて訴えているものとは

2019年春、入管が行った終わりのない無期限収容に対して、東日本入国管理センター（牛久入管）で被収容者による抗議のハンガーストライキ（以下、ハンスト）が行われた。最大時には、その人数は100人にものぼった。

ハンストで体を壊し、やっと牛久入管から解放される人もいた。しかしその人たちもわずか2週間の延長しかもらえず、東京入管の出頭日に再収容され、その日のうちに牛久入管に戻されることが相次いだ。

3年以上収容されていたイラン人のサファリさんとトルコ国籍クルド人のデニズさんもハンストで体を壊し解放はされたものの、2週間の延長しかもらえなかった。そして8月13日、担当弁護士とともに緊急記者会見を開いた。

サファリさんは翌14日に仮放免の延長手続き、デニズさんは16日に延長手続きのため入管に呼ばれている。捕まるかもしれないが、逃げることも許されない。2人は潔く出頭の覚悟を決めてはいたが、「怖い、夜も眠れない」と言って会見中に泣き出してしまう場面もあった。

弁護士たちは今回の無期限収容について「今までにない異常事態。解放された人をわずか2週間で再収容するなんてことはなかった」「再収容はハンスト（入管に逆らう行為）への見せしめと思われても仕方がない」と主張した。

入管内の「ルール」は、とても一方的

サファリさんは1991年に来日。難民申請者だったが、2016年6月の仮放免延長の日に「入管の都合で収容します」と言われ、難民

申請を却下されてもいないのに、意図がわからないまま3年以上もの月日を収容施設で過ごすことになる。母国のイランに帰れば命の危険があり、両親も他界しているという。

「自分には帰る場所はない」と、日本に残り続ける意思を示したサファリさんはこう語る。

「入管内では職員が『ルールを守れ』と繰り返し言いますが、とても一方的。いかにもその場で決めたようなルールです。職員自身が挑発してきたり馬鹿にしたりして、こちらが怒っても、自分たちが悪いような扱いを受ける。そういうのを変えてほしい」

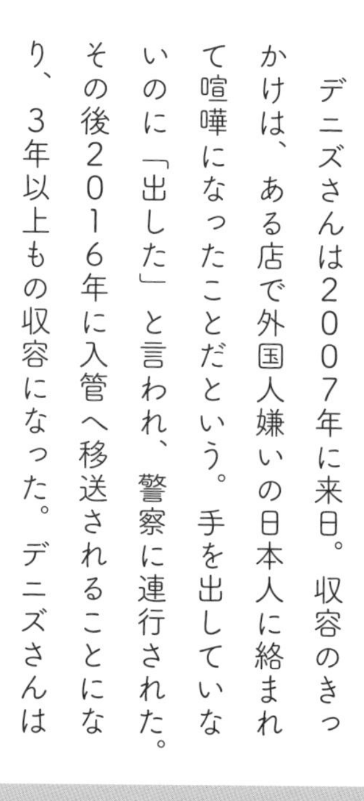

サファリさんとデニズさんの記者会見。再収容の恐怖を語り、涙ぐむ2人

「殺さない、殺さない」とせせら笑った職員

デニズさんは2007年に来日。収容のきっかけは、ある店で外国人嫌いの日本人に絡まれて喧嘩になったことだという。手を出していないのに「出した」と言われ、警察に連行された。その後2016年に入管へ移送されることになり、3年以上もの収容になった。デニズさんは一貫して無実を主張している。

デニズさんは年上の日本人女性と2011年に結婚している。しかし一向にビザがおりることはなかった。奥さんは「自分が子供を産むことができない年齢だから認められないのではないか」と気に病んでいた。

デニズさんはある日、入管職員に「眠れないので睡眠薬がほしい」と頼んだところ、拒否されて口論になった。すると、たくさんの職員が来てデニズさんを押さえつけた。さらに腕を後ろにひねり上げられ、喉に親指を突いてくるなどの暴行を受けた。

あまりの痛みに、「殺さないで！」と叫んだところ、職員たちは「殺さない、殺さない」と言いながら、せせら笑ったが暴行は止めてもらえなかった。

挑発してわざと怒らせ、懲罰房に

それからも職員による嫌がらせは続いた。ある職員が、かぶっている帽子のツバが当たるほどに顔を近づけてきた。離れてもしつこく顔を近づけてきたので、デニズさんは「さわるな」と怒った。

すると職員は「また騒いだ」と言って、デニズさんを独居房（通称：懲罰房）に閉じ込めた。陰湿な挑発は続き、ボランティアの「牛久収容所問題を考える会」の田中喜美子さんが面会をするたび彼は懲罰房にいたという。

こんなこともあり、デニズさんは手首を切ったり首を吊ったりと、自殺未遂を何度も繰り返した。

記者会見のかいもあってか、2019年8月14日と16日の手続きの日には、30人ほどの人たちがサファリさんとデニズさんに付き添うために集まった。2人はそれぞれ、来てくれた人たちに何度も感謝の気持ちを示した。しか

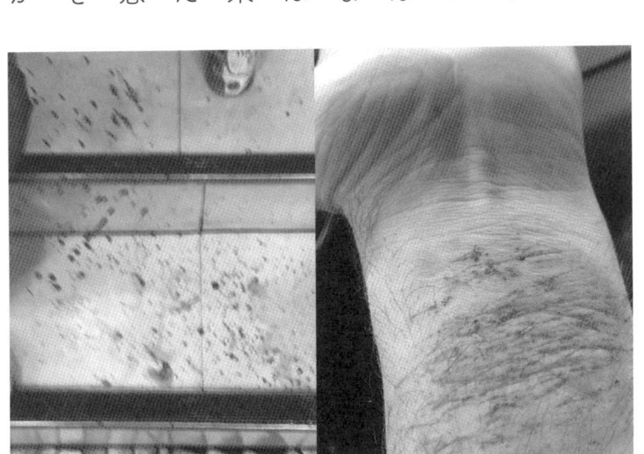

入管に個人情報開示請求をして入手した、自殺未遂をしたデニズさんの写真。

し仮放免手続きの部屋に入ったまま出てくることはなく、その日のうちに牛久入管にバスで移送され、再び収容施設でハンストを開始した。
他の被収容者も、仮放免が出てからわずか2週間の期間しか与えてもらえず、徹底的に絶望感を味あわされていた。やっと解放されたと思ったら、また地獄の日々に戻される。残酷な状態だ。入管のやり方は、つくづく軽蔑せざるを得ない。
再収容の恐怖に耐えきれず、そのまま逃げてしまう人もいる。そのことが「仮放免者は逃亡する」といったネガティブキャンペーンに使われた。しかし、逃げたところで行き場はなく、結局はほとんどの人が捕まってしまうのだ。
デニズさんやサファリさん、その他の何人かは期日に入管へ出頭した。サファリさんは「自分が逃げれば保証人に迷惑をかけてしまうので、逃げることはない」と語っていた。

コロナ感染拡大で解放が進んだが、残された人々の苦痛は続く

ところが事態は誰もが想像することもできなかった方向へ進む。新型コロナウイルスの感染拡大である。２０２０年から日本中に押し寄せるコロナの猛威には、入管も抗うことができなかった。あちこちの地方入管で、職員たちのコロナ感染が判明した。頑なに被収容者の解放を拒み続けてきた入管だったが、収容施設は「3密」状態。4月頃から次々と被収容者が解放されていくことになった。
デニズさん、サファリさんをはじめ、多くの被収容者たちが2週間の期限もなく解放されていった。２０２０年4月30日時点では２２４名いた東京入管の被収容者は、２０２1年2月の時点で１００名にも満たない。
しかし、それでも全員が解放されたわけでは

ない。外に出られる人と残る人の境目は、誰にもわからない。「まるでくじ引きのようだ」。残された人はそう語る。

　また2020年6月に、新しく若い男性常勤医が東京入管にやってきた。この常勤医の態度が驚くほど高圧的で、被収容者からは忌み嫌われていた。（26～28ページ参照）「犯罪者、私の言うことが絶対だ。嫌なら国に帰れ」と、医者とは思えない発言を平気で繰り返し、時には本人の承諾もなしに無理やり点滴を打たれた。あるいは不要な直腸検査を強要、下半身を露出させて辱めるなど、被害の声は後を絶たない。

　しかも制圧を先導し、自らも被収容者の体を押さえつけるなど、とても医者の行動とは思えない暴挙も行っている。抗議のハンストを続けて、長期収容によるストレスで摂食障害になった人も多い。

　そういう人たちのことを「本当は（病気で食べられないのではなく）ハンストをやっているんだろう」と疑い、シャワーを2週間使わせなかったり、外部からの差し入れを認めなかったりと、執拗にいたぶっている。

　2020年9月にはイジメを受け続けたイラン人被収容者が、ビニールに入れた自分の糞尿を保健室の待合室にばらまいて警察に連れて行かれるという事件も起きた。いつ解放されるともわからない長期収容による絶望と、職員による嫌がらせや暴行などによって、収容施設では精神的に病んでしまう人が続出しているのだ。

日本のほうが、世界のルールを守っていない

デニズさんは現在、仮放免されて妻とひっそりと暮らしている。

「仮放免の立場だから仕事はできないし、入管の許可なく県外への移動は許されない。保険もないのでたいへんです。自分で働いて家族を養いたいです。解放されても、収容されていた時のトラウマで自殺未遂を2回してしまいました。トルコにいると命の危険があり、生きるために日本へ来たのに……日本は入管施設に閉じ込めて、私を死にたい気持ちにさせた。自分だけじゃない。多くの人が難民として日本を頼ってきたのに、精神的拷問をしている。

入管は私たちのことを『ルール違反』と言うけれど、それは違う。日本のほうが世界の、国連の（難民受け入れの）ルールを守っていないのです。私たちは人間です」

サファリさんはこう語る。

「今は友人の家に身を寄せて、お世話になっています。やはり仕事がしたいです。仕事さえできればずいぶん助かります。保険もなくて、この前は虫歯の治療に5万円もかかってしまいました。まだ入管の中にいる人もたいへんなので、どうか助けてあげてほしいです」

2020年8月、ジュネーブにある国連人権理事会の「恣意的拘禁作業部会」は、日本の入管の外国人長期収容について「法的根拠を欠く恣意的な収容で、国際人権規約などの国際法に違反する」との判断を示した。また入管法を国際人権基準に沿って見直すことや、当事者への賠償なども求めている。

今回、作業部会が日本政府に見解を示したのは初めてのケースだ。被収容者たちの訴えは日本国内にはなかなか届いていないが、国際的には少しずつその声が届き始めている。

第2章

翻弄される子供と女性

パパが解放される日

ひとこと　せっかくの家族の再会が台なし。真面目に仕事しているのはわかるけど、もう少し大目に見てくれてもいいのでは？

絶対パパと会う!

ひとこと 面会許可が下りた時は、本当に号泣してしまいました。家族を引き離すのはとても残酷なことです。

そりゃそうだろ

子供好きな職員さんは多いです。でも、これは仕方ないよね。子供たちもよくわかっている。

日本人はすぐ忘れる

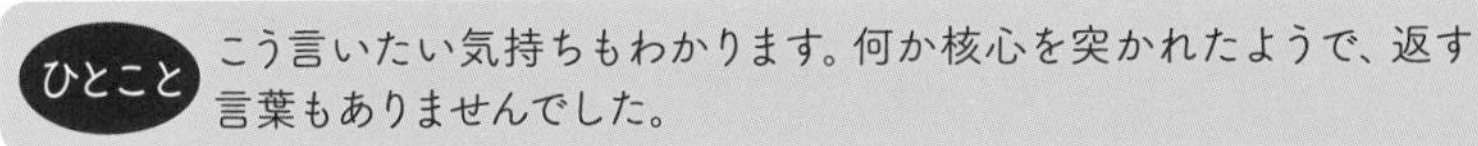

ひとこと　こう言いたい気持ちもわかります。何か核心を突かれたようで、返す言葉もありませんでした。

お父さんをかえして

ひとこと 彼女は過呼吸で倒れてしまい救急車を呼んだのですが、途中で目を覚まし、血圧を測ってもらって大丈夫でした。

この人たち……人間――

ひとこと 前回の面会で、彼には「日本人とは友達になれない」と言われただけに、今回はほっとした気持ちになりました。

自分だったら耐えらない

ひとこと　娘と離れ離れになったことを想像。もし私がその立場だったら……と思うと、ぞっとします。

なぜ2歳くらいの子が収容所に?

ひとこと　今は、子供は収容されないはずなので驚きました。弁護士に聞くと、家族ごとすぐ送還されるのだろうと言っていました。

イジメから子供を守りたい

ひとこと 子供を守るには、大人一人一人の意識が重要です。先生方も、子供が相談しやすい環境をつくってください。

大きなお世話でーす

ひとこと　何をやっても悪くとりたがる人はどこにでもいます。私たちは楽しくやっているので放っておいてほしいものです。

先生は何もしてくれない

ひとこと　もちろん、先生だけに責任を押しつけてはいけません。地域や教育委員会などが協力し合えば変えられるはずです。

生まれも育ちも日本なのに……

ひとこと 日本生まれて日本育ちの子供が、大人になったら収容されるのは、どう考えても残酷なことです。

私で最後にしたいな

ひとこと お父さんの収容で心が傷ついて、今度は大人になった自分まで収容されるとは夢にも思っていなかったと思います。

女性たちの抗議は弾圧された

ひとこと 抗議した女性たちは余計に解放されなくなったり、徹底的に懲罰を受けさせられたりしました。本当にやりすぎです。

なかなか関心が広がらない

この頃はあまり周知されていなかったので、当事者家族と支援者数人で小さく抗議行動をやっていました（60ページ参照）。

メルバンさんを救え

ひとこと 彼女が収容されたことが、入管の問題が世間に広がるきっかけとなり、支援グループも増えていきました。

屈辱的な扱いを受ける女性たち

女性にとって収容は屈辱的
ろうか
ドア
マド
トイレ
イメージ
TV
ベッド
たとえば重病だったり反抗的な人はここに入れられてしまう
懲罰房はまた別にある
トイレはろうかを通る職員や被収容者に見られてしまう。
わざわざ立ち止まりのぞきこんでくる職員もいる
また、天井にカメラがついているという証言もある。トイレの時もきがえも全部、見られてしまう。
カメラの先には男性もいるかもしれない。泣いて嫌がっても聞きいれてはもらえない
他にも、女性はムダ毛を剃る時に、職員の前でやらなければいけない
シャワー室
すべては自殺防止のためらしいが、職員も疑問に思わないのか？

ひとこと　普通に考えても絶対にやっちゃいけないことなのですが、ここではなんでもアリだから怖いのです。

女性ブロックに男性職員が

女のブロックに男の職員が入ることある?
何か大きなトラブルがあった時かな、ふだんは入ってこない。でも、そういえば去年…
女たちはここではいちいちブラなんてしないんだよね
ある日、Aさんがきがえをしてたら
ろうかを通りかかった男の職員に
おもいっきり見られちゃった
Aさんめちゃめちゃキレちゃってそれから男はあまり来なくなった
あはは
それわらうところ?

ひとこと 着替えをすることなどいくらでも想定できるのだから、男性が出入りするのは初めからダメでしょう。

コロナ対策でも女性差別?

家族面会＝ガラスごしじゃなく面会できる

ひとこと　マスク不足が解消したと思ったら、今度は顔がかゆくなるような質の悪いマスクが毎日配られるようになったそうです。

入管キーワード【2】

【仮放免(かりほうめん)】

仮放免許可とは、入管法に規定された「収容を免除する」制度。仮放免許可は在留資格の認定ではないので、仮放免者は就労を許可されず、健康保険など大部分の社会保障や行政サービスを受けられず、2012年以降は地方自治体の住民登録から排除されている。

そのため、仮放免の境遇で生活する移民や難民は、事実上は日本社会の隣人なのに、法律上は存在しない幽霊のような存在にされている。仮放免許可の期間は1か月程度であり、更新のため、仮放免者は指定の日時に、地方入管局や支局に訪れねばならない。このときに突然、予告なしに収容されることもある。

【在留資格のない子供たち】

在留資格のない、または仮放免の「外国人」の中には、日本で生まれた、または日本で幼少期から育った子供たちも含まれる。こうした子供たちは、訪れたこともないか記憶にほとんど残っていない「出身国」に「帰れ」と言われ、未来を奪われている。

日本では、在留資格を持たず住民登録から排除されている外国人の子供が、義務教育を受けることは制限されていない。しかし、就労を禁じられた仮放免の親たちは、子供の教材費や修学旅行費などの諸費用を払えない。同級生の偏見やイジメにさらされるなどして、学校をドロップアウトしてしまうことも多い。また、大学や専門学校を卒業しても、仮放免では就職することができない。

【メルバンさん】

難民として逃れた両親を追って6歳で来日した、トルコ国籍クルド人女性のメルバン・ドゥールスンさん。日本で義務教育を受け、結婚して暮らしている。メルバンさんは22歳になった時に突然、理由もなく収容された。パニック障害を患っているが、常備薬を使わせてもらえず収容施設内で苦しみ続けたという。彼女に関するＳＮＳでの筆者の発信は、それまでにない大反響を呼び、入管収容問題への関心が世間に広がったことを実感した。

【クルド難民】

クルド人はトルコ、イラク、シリア、イランにまたがる地域に約３０００万人が暮らし、〝国を持たない最大の民族〟と呼ばれる。トルコでは自治権を求めるクルド人を政府が激しく弾圧しているため、多くのクルド人が国外に逃れている。欧米諸国では多くが難民認定されているが、日本でトルコ出身のクルド人が認定されたことは一度もない。

東京入管の女性被収容者へのひどい待遇。着替えもトイレもカメラで監視、自殺未遂も

東京オリンピックを前にして、ビザのない外国人に対する長期収容がますます深刻なものとなっている。2019年6月、大村入管（長崎県）ではナイジェリア人が抗議のハンストを行って餓死した。さらに大村入管では2020年10月にインドネシア人が突然死しているが、今のところ入管庁からの発表はない。

牛久入管（茨城県）では、2019年春から最大時100名を超える被収容者が長期収容に対する抗議のハンガーストライキを行っていて、2021年2月現在も未だ収束の気配はない。

東京入管には現在、100人以上の外国人女性が収容されている

トイレや着替えを監視されたくないとの抗議に、職員は「仕方がない」

2019年、東京入管では女性被収容者たちも数人ではあるがハンストを行っていた。最終的には3人が続けていた。拘束されていることへの抗議の意思もあるが、収容環境によるストレスで食欲を失っていることも理由のひとつのようだ。

ハンストを続けていた3人はバラバラの独房に移された。独房にはトイレがあるが、トイレのドアがなかった。天井に設置されている監視カメラから、常にトイレの使用や着替えを見られる状態となっていたという。

その辱めに耐えられず、大声をあげて暴れな

がら「嫌だ！」と拒否をしたが、職員たちは聞き入れてはくれなかった。彼女たちは「だって、男性だってカメラで見ているんでしょ？」と抗議したが、女性職員たちは「仕方がない」と答えた。３人は監視カメラの先に誰がいるのかもわからず、日々屈辱を強いられていた。

心身ともに弱っていた1人の女性は、職員たちに毎日、口癖のように「殺してほしい」と訴えていた。そして2019年9月9日、部屋にあった電気ポットのコードで自殺を試みたが、多くの職員に制止されて未遂で終わった。その様子をビデオカメラで撮影している職員もいたという。

「戦争がない国だから難民じゃない」と入管職員

すでにハンストを止めている、別のフィリピン女性にも話を聞いてみた。

「ハンストは体のことを考え、自主的にやめました。自分は反政府活動をやっていたため、身の危険があって5年前に来日しました。難民として認められず収容されて5年のうち2年は外で、３年は収容所の中……」

彼女は職員に「戦争がない国（から来たの）だから（あなたは）難民じゃない」と言われた。「じゃあ、（帰国して）私に何かあったら責任とれるの？」と聞き返すと、職員たちは黙るだけだったという。

難民の定義とは「人種、宗教、国籍、政治的意見やまたは特定の社会集団に属するなどの理由」で「迫害を受けるかあるいは迫害を受けるおそれがある」人々で、戦争が行われていることだけが難民の理由というわけではない。このような発言を入管職員が軽はずみにすることに非常に疑問を感じる。
　そもそもイラクやシリアなど、実際に戦争が行われていることが知られている国の人たちでも、日本ではめったに難民として認められることはない。むしろ収容される人が多い。

ハンストを行っていない被収容者にも、職員からのイジメ

　筆者は、もともとハンストをしていなかった女性たちにも面会して話を聞いたが、ハンストをしていない人も女性職員からのイジメを受けているようだった。
　例えば、面会に来たボランティアが差し入れをすると「管理が面倒だから、送り返せ」と圧力をかけられたという話をよく聞く。しかし彼女たちはお金がなく、自分たちで生活用品を買うのはたいへんで、ボランティアの差し入れを頼りとしている人も多い。
　特に生理用品などは高いので、差し入れはありがたい。職員も同じ女性なら理解してほしいものだ。しかし自分たちの仕事が増えるのが嫌で「突き返すように」と言うらしい。長期収容のストレスだけでなく、こうした女性職員による仕打ちに耐えかねている人も多い。

女性たちにとって生理用品などの差し入れはありがたい

女性たちの抗議に男性職員が突入して暴行・連行

　2020年4月、ついにほとんどの女性たちが我慢の限界を超えて、抗議の帰室拒否を行っ

た。フリータイムが終わっても部屋には戻らずに「free us please」と書いた服や紙を持ち、「ボス（話のできる責任者）から仮放免の基準について説明を聞きたい」と要求した。

しかし、その要求は通ることはなかった。ヘルメットをかぶり、盾を持った10人以上の男性職員がその場に突入してきた。彼女たちは腕を捻り上げられたり、壁に床に体ごと打ちつけられたりといった暴行を受けた。最後まで部屋に戻らなかった女性たちは、男性職員たちに担ぎ上げられて、懲罰房に投げ込まれた。

血圧が上がって体が熱くなったため、部屋に戻って下着姿になった女性までが、そのままの姿で男性職員たちに連れて行かれるという辱めも受けた。

「懲罰房」「拷問部屋」と被収容者が恐れる部屋はいくつもあるが、その中で「最も劣悪」と呼ばれる部屋に、女性たちはそれぞれ閉じ込められた。広さは3畳ほどで、部屋の備品などは何もなく、監視カメラがぶら下がっている。

トイレは床に穴が開いているだけで、自分では流すことができない。職員にお願いして、流してもらわないといけないようになっているので。「前にいた人の排泄物が残っていて、臭くて汚くて、窓もなくて、とても耐えられなかった」という。そして、彼女たちは「もう逆らわないから出してください」と、職員に屈服させられた。

2021年2月現在、東京入管には20人弱の女性被収容者が残されている。そのうち、5年以上収容されている女性が2人いる。

難民であったり日本に家族がいたりするなど、どうしても出身国に帰れない女性たちは、帰国せずに収容所で粘り続けている。どんな仕打ちを受けても、帰れない人には帰れない理由があるのだ。

第3章

会いに行くから待っててね（面会活動）

何回見せればいいのか

ひとこと 他の入管は1回見せれば終わりですが、東京入管は差し入れや宅下げ（97ページ参照）にも身分証が必要。1日10回以上提示することも。

悪いことはすべて外国人のせい

ひとこと とりあえず、何でも悪いことはすべて外国人のせいにすればいいと思っている職員がいます。

面会者の逃走防止!?

ひとこと 面会者側のドアに逃亡防止のブザーなんて必要ないのでは？ つくづく、無駄なことが多いなと感じます。

この壁は何のため?

ひとこと コロナ流行より前のできごとです。娘はなぜアクリル板で隔てられているのか、すごく不思議そうでした。

何か言いたいことがある?

ひとこと まあ、よくあることです。じーっと見ていないで、いくらでも話しかけてくれていいんだけどね。

忙しいとイライラ、ヒマだと親切

2009〜2010年は収容と送還が激しく、面会の人の数も多くて職員は常にイライラ。面会者に当たり散らしていました。

日本人にはこんなことしない

ひとこと 職員によっては、外国人と日本人では態度や対応がまったく変わることがよくあります。

強面おじさんとヘタレ職員

ひとこと　ズルいなとは思ったけど、ここでは職員1人で対応していたので、何だかたいへんそうでした。

車イスがあるのに……

ひとこと 本当は車イスがあるのに、わざと使わせない時期がありました。この職員もどこかで変だなと感じていたのかもしれません。

少しは手伝えよな

ひとこと こちらの職員は、何とも思っていないようで軽口をたたいていました。本当に嫌がらせ以外の何ものでもありません。

ちぎられた片足

東京入管は7Fの面会待合室に行く途中、男子トイレを通る。
しっかりした シールで貼られていたマークが
ある日かた足がなかった
こわっ……
ちぎられてるみたいだし
入管への恨み……とか？
真相はわかりません

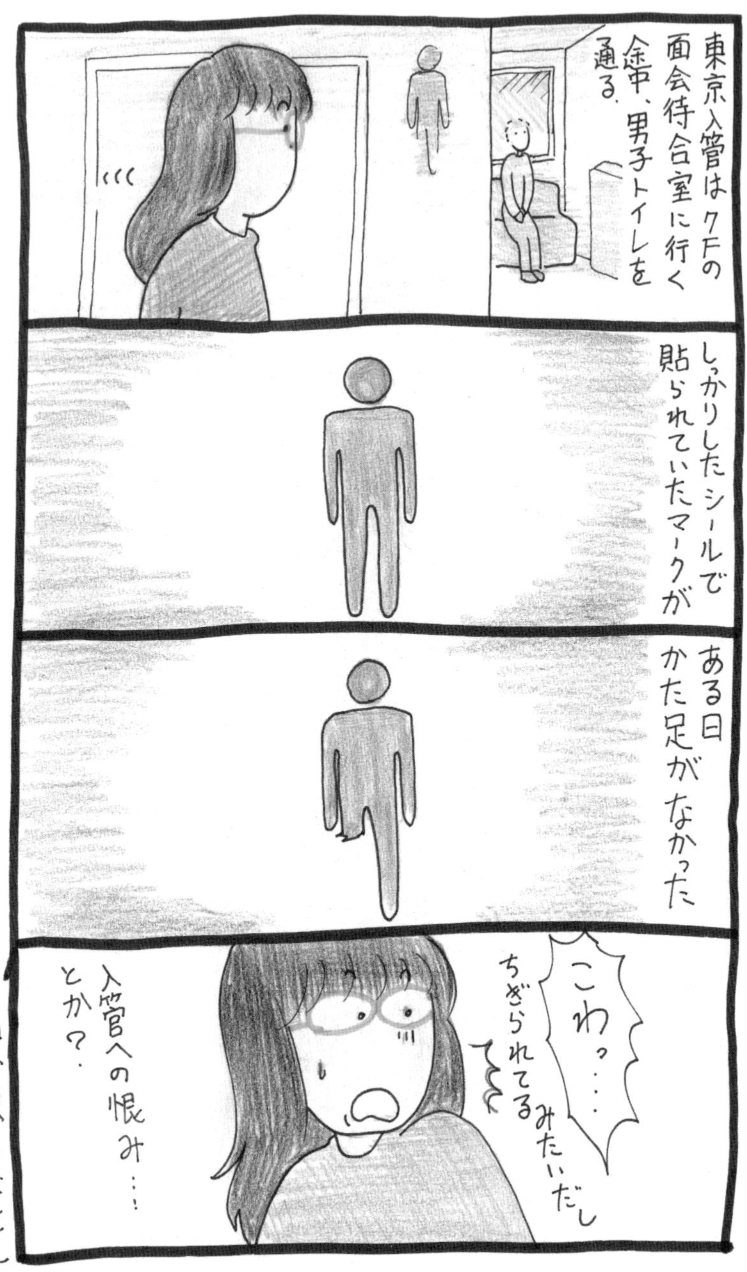

ひとこと 職員がたくさんいる場所で、よくちぎることができたな…と思います。けっこう頑丈そうなシールなのに。

再びちぎられた片足

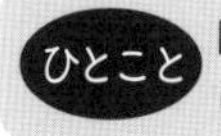

同じ人の仕業だったのでしょうか？　つくづく、職員がたくさんいるのによくできるものです。

面会室の異臭

ひとこと 面会室は1畳ほどなので、消臭剤の臭いもつらいですね。もっと換気がしっかりしているとありがたいのですが。

悪の入管と戦うヒーロー

ひとこと　思いつきで、デモ中に戦隊ヒーローのコスプレをしてみました。あんまり意味はなかったけれど、子供には人気でした。

質問に答えない職員

ひとこと 入管職員の「自分たちには説明責任がない」と思い込んでいるところに、腹が立ってしまいます。

手続きすらできない人も

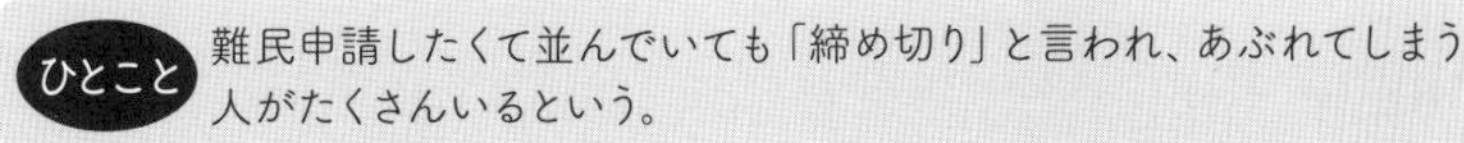

ひとこと 難民申請したくて並んでいても「締め切り」と言われ、あぶれてしまう人がたくさんいるという。

虐待はいつものこと

突然の叫び声に私は驚いたのですが、被収容者たちはいたって冷静でした。中ではよくあることなのでしょう。

うちの娘もわかっている?

ひとこと 入管職員に「とりぶ」は知っているけど、「人権まもるくん」と「あゆみちゃん」のことは知らないと言われたことがある。

オレたちだって人間だ

ひとこと　職員たちが談笑しているすぐそばで、人間らしく扱われない辛さを訴える被収容者たち。複雑な気持ちになる。

日本人が悪いんじゃない

「日本人はみんな優しい、悪くない。悪いのは入管だけ」と言ってくれる人は多いです。それも切ないけれど。

日本いらない

ひとこと 私も日本人なので、こう言われるとさすがに傷ついてしまいます。しかし、こういう声も聞かないとなりません。

絶対に入管には負けない

ひとこと　収容されている人たちにこう言われると、自分も頑張らなければならないと勇気づけられます。

収容1週間で激変

ひとこと 面会に行くとよくあることですが、慣れることはありません。毎回ショックを受けてしまいます。

どんどん記憶があいまいに

ひとこと　雑居房はまだマシだと聞きます。独居房にずっといると、どんどん記憶があいまいになっていくようです。

妻をこれ以上苦しめたくない

ひとこと この人は、日本人の配偶者が待っているので大丈夫だろうと思っていたのですが、こんなことになってしまいました。

テンションが高い理由は……

最後の言葉に愕然としました。「ずいぶんテンションが高いな？」と不思議に思っていたので、「そうだったのか……」と。

一緒に踊るしかない

ひとこと 会話ができない状態だったので、しかたなく一緒に踊りました。1コマ目で笑っている職員にイラっとしました。

みんな壊れていく

ひとこと その後、Aさんはわりと早く解放されました。今どうしているのでしょうか？ 回復しているといいのですが。

娘の服を抱えたまま

娘が産れたばかりで収容され、ずっとふれ合えないまま2年がすぎた
彼はこわれてしまったそう他の被収容者はうわさした。
良かった面会に出てきてくれてあれ？なにもってるの？
それ‥‥子供の‥‥服!?
私の‥‥
娘です
なんでこんなになるまで
‥‥
収容するの？

ひとこと 他の被収容者によると、眠る時も「私の娘」と、子供の服を抱えているそうです。親子が引き離されるのは本当に悲しい。

子供だけは助けてください

この人は面会すると、最後のほうだけ正気に戻って子供のことを嘆願するのです。いつも辛くなります。

「コロナ対策」という嫌がらせ

ひとこと 炎天下や雨の中で、4時間以上も待たされている人たちは本当に気の毒。一緒に立たされている職員もたいへんそうです。

入管キーワード【3】

【面会】

入管収容者には、外部者との面会が認められているが、平日の午前・午後の1回ずつしかできない。現在、東京入管では1回の申請につき「同ブロックに収容されている2名まで、最大30分間」となっている。面会者と被収容者はアクリル板越しで話をする。

【差し入れと宅下げ】

差し入れも可能だが、収容施設内で使用できる物品は厳しく制限されている。土日祭日は面会できず、平日も夕方で終わりなので、学校や仕事がある人は休まなければ面会に行くことはできない。また「宅下げ」というのは、収容者が施設内で所持しているものを、面会者が受け取ること。

【懲罰房】

公式にはそのような名称の部屋はないが、日頃、被収容者だけでなく入管職員も「懲罰」や「懲罰房」という言葉を使っている。入管の規則上は「隔離言渡書」の発行による5日間の隔離手続きがあるが、健康状態の「観察」を理由に、無期限に隔離される人もいる。

東京入管で「隔離」「観察」に使われる部屋のタイプは1種類ではない。ひとつは3畳ほどの広さで、窓も何もなく、カメラで監視された独房。トイレは床に穴が開いているだけで、職員にお願いしないと流してもらえないようになっている。別のタイプは、家具がなく洋式トイレが設置されているが、仕切りのない独房だ。この部屋ものぞき窓や監視カメラによって、トイレを使用しているところまで職員に見られてしまう。

2019年ごろまでは、女性ブロックの隔離部屋を男性職員も見回っていたとの証言もある。この「懲罰房」に入れられると、日中の開放処遇（フリータイム）が認められず、入浴するにも見張りがつく。事実上の「懲罰」と呼ぶ以外にない。

【難民認定】

日本は1982年、「難民の地位に関する条約」（以下、難民条約）に加入。インドシナ難民受け入れに及び腰だった日本政府は、なかば国際的な圧力に屈するかのように条約加入を決めたが、インドシナ難民以外の難民認定数は非常に少ない。日本の2019年の難民申請者数は1万375人で、認定されたのは44人。認定率はわずか0・4%、補完的保護（人道配慮による在留許可）を含めても数%止まり。毎年数万人を受け入れている欧米諸国とは格段の差があり、先進国では最下位だ。

Column no.3

「ビザがない」のは犯罪なのだろうか!? 日本に来る外国人たちのそれぞれの事情

日本では、ビザのない外国人に対する偏見が強い。例えば、収容されている人たちについてネット上などで「正規の手続きで入って来い」「不法入国・密入国するからいけない」などと悪意を込めた意見を述べる人がかなり多い。

しかし2018年のデータによると、入管法違反者1万6269人、うち「不法残留」1万4353人、「不法入国」409人、「不法上陸」140人。つまり、ビザのない外国人のうち不法入国は3%に過ぎない。

長く入管の面会活動をやっている筆者も、「不法入国で来日した」という話はほとんど聞かない。正規の観光ビザで入ってきて、何らかの理由で更新できずオーバーステイになってしまった人がほとんどだ。

高度成長期は、日本政府は外国人労働者にビザを発給せず、日本にいて働くことを黙認していた。ビザがなくても警察に捕まることはなかったのだ。外国人の存在は日本にとって非常に必要だった。彼らがいなければ日本の発展はなかったと言っても過言ではない。

ところが不景気になってくると、ビザがないことを理由に犯罪者扱いされ、急に追い出されるようになっていった。「ビザがない＝犯罪者」という言い分は後づけなのだ。しかし、すでに日本に生活の基盤を置いている人は、いまさら母国へ戻ることはできない。そんな人たちは20年、30年たってもビザがないまま不安定な生活を続けている。

現在の日本は、技能実習生など外国人労働者を期限つきで入れ、労働力だけを搾取していつでも追い出せるようにしている。人権を無視した「奴隷労働」と言わんばかりの扱いにも、日本人は罪悪感を抱かない。彼らは都合のよいロボットではないのだ。

入管収容施設の窓からこちらを見る被収容者たち。彼らは本当に犯罪者か？

日本のやり方は、難民条約や国際法上の原則に反している

近年の日本の難民認定率は、毎年1％にも満たない。先進国の中でも最低レベルと言える。難民条約を結んでいる以上、日本も難民を受け入れる義務があるが、日本政府は受け入れたがらない。

「ではなぜ難民認定率の低い日本を選んだのか」と疑問に思う人もいるだろう。これもまた理由はさまざまだ。日本のビザは比較的早く取得しやすく、「急いで母国を離れるには日本を選ぶしかなかった」という証言をよく聞く。ところが日本に来るのは簡単でも、入った後にはそうはいかない。入管は空港で、相手が難民だとわかると追い返してしまうことがある。どうしても帰らない人はそのまま入管収容施設行きとなる。

2018年にパキスタンから逃れてきた男性が、観光ビザで羽田空港に上陸した。彼は何の理由も教えてもらえることなく東京入管に連れて行かれた。そして、そのまま1年以上も収容されたというケースもある。

日本は難民条約やノンルフールマン原則（「難民を、迫害が予想される地域に追いやってはならない」という国際法上の原則）に反している。また入管は、被収容者に対する虐待的な扱いについても国連から勧告を受けている。

難民申請者は、半年の「特定活動ビザ」をもらえる場合もあるが、これはいつ更新できなく

なるかわからないという非常に不安定なビザだ。半年に1度、ビザの更新のために入管に出向き、毎回手数料を支払う。

このビザの有効期間内は仕事をすることができるが、何の問題もなくまじめに働いていても、突然更新されなくなることがある。その場合は「オーバーステイ」としてすべてを失う。難民として日本を頼って来たというのに、突然「国へ帰れ」と言われても帰ることはできない。ビザを失えば、「仮放免」という立場となって仕事に就くことはできず、さらには仮放免すら許されずに何年も収容されることもある。

あるトルコ国籍のクルド人は、犯罪容疑で拘置所に入れられてしまった。本人は無罪を主張して一審で勝訴。しかし無罪確定までずっと拘置所にいたために、半年のビザの更新ができなかった。そのため外に出ることなく、そのまま東京入管に収容された。本人は拘禁症状に苦しみながら「難民じゃなければとっくに（出身国に）帰っている」と語っていた。

いつ失うかわからない、不安定すぎる「ビザ更新」

ちょっとした法律を知らなかっただけでもビザを取り上げられる。ある中国人男性は会社を立ち上げて他の外国人を雇っていた。ビザがあると思って安心していたら、それは資格外のビザだったという。社長本人はそんなことには気づきもしなかった。しかしその罪を問われてビザを消失、収容されてしまったのだ。

あるパキスタン人男性は、友人に「自分の友達に日本人の配偶者を紹介してやってほしい」と頼まれ、快く紹介したと

入管前で強制収容に抗議する人たち

ころ2人は結婚。彼は、その友人が2人からお金をもらっていたことは知らなかった。するとある日突然、「偽装結婚を斡旋した」との容疑で警察に連れて行かれた。容疑を否定していたが、検察は「認めれば早く終わる」と、認めれば早く帰してくれるようなことを言う。言う通りにしたところ、ビザを失ってそのまま収容されてしまった。

日本人配偶者に離婚・死別された場合は、ビザが更新できないこともよくある。ある南米から来た女性は、日本人男性と結婚して1人の娘をもうけた。娘が夫から虐待を受けていたため子供を連れて逃げたところ、夫に離婚されて親権も奪われた。「誰もが日本人である夫の言い分を信じて、外国人の自分の言うことは聞いてくれなかった」と嘆いていた。彼女はビザの更新ができず、オーバーステイとなり収容されたこともある。

「反政府」や「反日」活動ではなく、むしろ日本の国益につながるもの

日本では、永住権があっても安心はできない。それぞれの外国人の事情は、まったく配慮されることはない。外国籍である限り、ささいなトラブルに巻き込まれることも危険なのだ。

日本の社会はすでに外国人労働者がいなければ機能しない状態だ。都合よく扱ったり、差別したりすることは、人道に反するうえに日本人にとっても不利益となる。もっと彼らの存在に、感謝の気持ちを持つ必要がある。

「不安定な立場にある外国人を守りたい」と活動することは、「反政府」や「反日」かのように思われがちだが、そうではない。国際社会から取り残されないためにも、日本の評判を落とさないためにも、外国人への対応を見直すことが必要だ。むしろ、それこそが国益につながるのではないだろうか。

第4章

入管職員との戦い

やられた側は忘れない

こういうこと、頻繁にあります。職員はむやみに被収容者を虐めないほうがいいですよ。

長期収容されて元気なわけない

「悪気がない」では済まされない。後で「代わりに言ってくれてありがとう」と、Bさんにお礼を言われました。

外国人には高圧的

できることなら、日本人の支援者が付き添ってあげたほうがいい。それだけで入管の対応が変わることがあります。

審査もせずに判断

ひとこと　私も事情は知りませんが、審査もせずに「難民ではない」となぜわかるのでしょうか? 顔をみただけで追い返していました。

メディアの取材は大嫌い

ひとこと メディアの取材に対する警戒心が強いです。どうしてそんなに、記者が入るのを嫌がるのかがわかりません。

入管の生き字引

もう2021年で17年目？　いつの間にか職員よりも私のほうが入管の事情に詳しくなっています。

妊婦に嫌がらせ

ひとこと 「なぜ私だけ立ち合いをつけるのか」と聞いただけで怒鳴られました。あからさまな嫌がらせです。

その場の思いつき

ひとこと ルールなどがその時々によって変わるのが面倒くさい。せめて納得のいく説明をもらえたらいいのですが、それもありません。

被収容者はいつもこんな目に

ひとこと 集団で「お前が悪い」と面罵する。被収容者の気持ちがよくわかりました。別の組織だったらこの人はクビでしょう。

何なんだこの世界は

入管では、めちゃくちゃな言動でもそれが通ってしまい、誰にもおとがめを受けません。おかしい。

ウソがバレると"無視"

上の人に直訴
もう息子におんぶさせるのやめて! 車イス だしてよ
当事者が文章で出して下さい
本人はとっくに訴えてるでしょ! 今更文章っておかしくない?
文章＝申し入れ書のこと
ここに車イスなんかない!
うそつきっ
昔は収容者に使わせてたじゃない あるの知ってるわよ
ゴオオオオオオ
彼があんなに苦しんでるの、あなただって知ってるでしょ!
そんなの知らない!
知らない訳ないでしょ だいたいあんたたいど悪いのよ!
ふい
急に無視
ちょっとお!
子供かっ

ひとこと　あるのに「ない」ってウソをつくのが最低です。相手が知らないと思っているのでしょうけれども、ウソがバレると無視してきます。

融通がきかない

ひとこと 女性職員たちも、この男性職員のことを嫌がっていました。生真面目なんですが、融通がきかないんですね。

質問しただけですぐキレる

ひとこと 最近は入管も注目を浴びるようになったせいか、すぐ怒る人が少なくなりましたが、少し前まではこんな人ばかりでした。

面会のやり方は職員しだい

ひとこと 職員が変わり、立ち合いを解除してもらえました。職員しだいでやり方が変わり、決まりも何もありません。

ケータイ持ち込みはなぜ禁止?

ひとこと 携帯で写メを取られることが嫌なのでしょうか？ 正しいことをしているのなら隠す必要はないと思いますが。

過剰なチェック

ひとこと 体験してみないとわからないと思いますが、「そこまでやるか？」と思うくらいの、なめ回すかのように過剰なチェック。

やられたらやり返せ

ひとこと リアクション芸人顔負けの反応で嬉しかったです。嫌なことをされたら、こちらも楽しまないとやっていけません。

収容所で亡くなるなんて

ひとこと こんなところで命を落とすために日本に来たわけじゃないだろうに……やるせない気持ちになります。

話がかみ合わない

ひとこと 東京入管で申し入れをする時は、話がまったくかみ合わなくて本当に疲れます。

答えられません!!

言い分があるならこちらはどんどん聞きたいのですが、基本的には何も答えてもらえません。

身分証は不要です

ひとこと　職員に身分証をコピーさせろと言われたら、知らない人は逆らえない。でも本当はそんな権限はありません。卑怯です。

批判の矛先はどこに

ひとこと　若い時は迷いがありました。入管職員は、上司の命令でやらされているだけで仕方がないのか……と。

違法なことはやっていない!?

ひとこと　入管としては「法律にそってやっている」と言うのですが、たいていは裁量で好きにやっています。

ひらきなおり

ふたたび申し入れ。
ちょっと！前の課長と言ってることがちがうじゃないですか！
前の課長の発言は私は関係ないです。前の課長に文句言って下さい。
異動したけど

そんなの無責任！
ちゃんと統一するのがあたり前でしょ。組織なんだから。

できません!!
きーっぱーー

ひらきなおった
目は合わさない

こんなに無責任な発言が許されるのは、日本中で入管だけなのではないかと思います。

謎のニヤニヤ男

ひとこと 懸命に家族の解放を訴える人たちに対して、この仕打ちはやりすぎです。この男は違反審査部門主席（当時）の林秀和氏。

これは暴行では?

友人が収容された時の抗議活動中、職員に腹で突き飛ばされ、罵倒されました。

せめてもの抵抗

ひとこと 法務省の職員が言いたいことを言うだけの、あまり意味のない集会でした。本当は思い切り野次りたかったです。

入管キーワード【4】

【面会の条件・制限】

面会の申請には身分証明書が必要で、面会室に入る前には金属探知機による所持品検査を受ける（東京入管は、他の収容施設よりもチェックが厳しい）。携帯電話など通信機器の持ち込みを、当局は特に警戒している。「保安上の理由」と称して、職員の立ち合いをつけることもある。

また、当局は報道関係者が被収容者に面会することも非常に警戒していて、東京入管や牛久入管では申請書に「面会目的がメディア取材かどうか」を答える欄を設けている。

【入管職員】

入管では、2種類の国家公務員が働いている。摘発や送還を行い、収容施設での看守や面会受付を受け持つのは、逮捕術の訓練を受けた入国警備官だ（ただし、少なくとも東京入管の収容施設では、面会に関する業務の一部を民間の警備員が行っている）。

被収容者のことを人間扱いせず、イジメなどを行っているのはこの入国警備官。また、被収容者を診る医師に先入観を吹き込んだり予算の制約を強調したりして、適切な治療の妨害などもする。

もう一方の入国審査官は、書類上の手続き全般を担当する職員。出入国や在留の審査だけでなく、在留資格の取消や送還の命令、仮放免の許否に関する権限も握っている。入国審査官が被収容者と直接接することは少ない。しかし実は、被収容者には見えないところから彼らの運命を陰で操っているのだ。

【一時旅行許可】

入管は、仮放免許可の条件の一つとして、移動範囲の制限をつけることができる。仮放免中の住所にあたる都道府県の外に出るためには、あらかじめ入管当局に許可を求めなければならない。これに違反したことが発覚すると仮放免が取り消され、入管に再収容される恐れが大きい。例えば、埼玉県に住んでいる仮放免中の外国人は、何か用事があって東京都内に入る時には、この申請を行わなければならないのだ。

ところが、仮放免者がまじめに一時旅行許可を申請したとしても、許可が下りるとは限らない。特に最近は、許可の条件を厳しく制限している（いまは「コロナ対策」を口実にすることが多いが、コロナ流行以前から許可は出にくくなっていた）。申請の際、入管職員に「帰国以外の行動はしないでほしい」などと言われることもよくある。

第5章

それでも、信じている

おとなしい人も豹変

ひとこと 当事者ほど、言いたいことは山ほどあるのでしょう。少しでもスッキリしてもらえればいいと思っています。

当事者が喜んでくれれば

ひとこと　どこにでも、人のあることないことを吹聴する人はいるものです。でも、当事者に喜んでもらえるのならそれでいい。

ビザはないんだよ

ひとこと 彼女たちの中では、ビザがあるかないかは日本にいられるかどうかが決まる大問題なので、そう思ったのでしょう。

自由にしてあげたい

被収容者の姿が窓から見られるのは、東京入管くらいでしょうか。とても衝撃的な光景だと思います。

壊れていく家族の絆

ひとこと 3コマ目は、母が収容されて出てこられないことを、娘が責めているのです。収容は家族の絆も壊してしまいます。

なぜこんな日に

ひとこと　皮肉にも「世界難民の日」に、難民たちが入管の前で雨に打たれたまま家族の解放を訴え、それは夜0時まで続きました。

最後の手紙

ひとこと 亡くなられた人はミャンマー人だったようです。生きていればビザが出たかもしれないと考えると、余計に悲しくなります。

日本よりサハラ砂漠のほうがまし

ひとこと 彼女は日本に恨み言を残して去って行きました。他の国では受け入れてもらえたのに、なぜ日本はダメなのでしょうか。

使命感

ひとこと　最初はマンガを描いてネットに上げているだけで仕事でも何でもなかったのですが、使命感はそれなりにありました。

たとえ1人でも

おださん
私がもし第3国に
行ったら
入管にたくさん
イジメられたこと
大勢の人に
伝えてください
保険証もなくて
子供を病院につれて
いけない
住民票もない
生きてるだけ
まるでユウレイみたい
日本はそんなに
私たち（なんみん）が嫌いなら
まとめて船にのせて
海にすてればいい
私はたとえ一人でも平気
みんなの苦しみに比べたら何でもない
でも、同じ気もちの人がいたら、いつかいっしょに立ってねー
法務省

たくさんの人に伝えます

ひとこと　彼は日本にいられるのがいちばん良かった。ただ、第三国に行けるというケースも、よっぽど運が良くなければ不可能に近いのです。

悩んでいる方はご連絡を

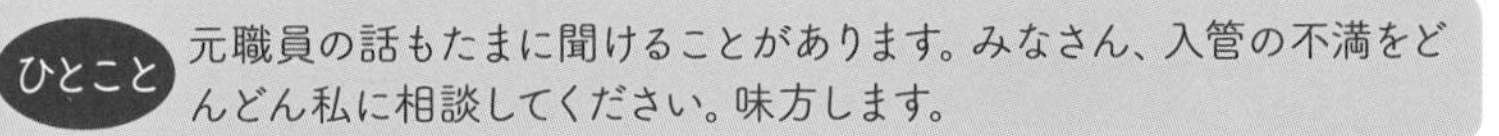

ひとこと　元職員の話もたまに聞けることがあります。みなさん、入管の不満をどんどん私に相談してください。味方します。

正直な職員

ひとこと　正直に答えてくれる職員が少しずつ増えてきました。彼らのほうも、話を聞いてもらいたいのかもしれません。

不言実行

以前もこの職員は「1階の女子トイレから小さいゴキブリがよく出る」と相談したら、すぐに対応してくれました。

喜びのハグ

ひとこと 被収容者に優しい職員もいて、解放されたことを心から喜んでいます。こういう時は心が和みます。

信じていい?

ひとこと　この腰の低い職員は、私たちが必死に抗議の声をあげている姿を見て、泣いてくれていました。

少しずつ変化も

こんなに話してくれるようになったのは、本当に最近のような気がします。職員の気持ちも聞きたいのでありがたいです。

今の気持ちを忘れないで

ひとこと 支援を通じて、外国人たちの温かさに触れることができました。こちらが感謝しなければならない部分もたくさんあります。

いつか誰も収容されない時代が来る

ひとこと いつか「あの収容はいったい何だったんだろう」と思う時代が来るはずです。収容なんて、本当は必要のないものなんですから。

一人一人の力があれば
未来は変えられる.
一緒にめざしていきま
しょう.
誰もが笑って
生きていける
世界を.
織田朝日

入管キーワード【5】

【日本で難民申請した外国人の第三国への渡航手続き】

一般には、難民キャンプなどで一時的に庇護された人が別の国に受け入れられることを、「第三国定住」という。

だがここでは、日本で難民認定申請した人が日本をあきらめ、別の国に受け入れを求めてカナダなど「第三国定住」に類するプログラムに応募することを指す。

しかし「難民不認定」とされた外国人は、送還命令を受けることで出身国以外へ合法的に渡航する手段を奪われてしまい、どこにも行けない状態となる。そのため、第三国に渡るにはこうしたプログラムを使うしかないが、応募条件を満たすことはきわめて難しい。

【世界難民の日】

２０００年、国連総会で毎年6月20日を「世界難民の日」と定めることが決議された。その目的は、難民の保護・援助に対する世界的な関心を高め、国連やＮＧＯによる活動に理解と支援を深めるというもの。

筆者は毎年この時期に、多国籍フェス、難民写真展、多国籍パーティ、法務省前抗議行動など、さまざまなイベントを開催している。

【入管収容中の死者】

１９９７～２０２１年に、公式に判明している入管収容中の死者数は19人。大半は自殺または病死で、病死の場合は「医療放置」が疑われるべき事例ばかりだ。入管職員の暴行で死亡したとみられる男性（１９９７年）や、強制送還中に危険な身体拘束をされた後、死亡した男性（２０１０年）もいる。

２０１０年には、５人の被収容者が命を落とした。最近では、２０２０年10月に名古屋入管で40代のインドネシア人男性が原因不明で死亡している。２０１９年６月には、大村入管に収容されていたナイジェリア人男性が、解放を求めて抗議のハンガーストライキを行った末に餓死してしまった。

【ＳＹＩ】

ＳＹＩは「収容者友人有志一同」の略。２００９年に難民申請者などの収容が急増したことを受けて、同年末に筆者の呼びかけで結成された任意団体（同年９月、民主党政権が発足した。「入管は政権交代の前に収容・送還を急いだのでは」と、支援者や弁護士の間では推測されている）。入管収容者との面会、入管当局への抗議申し入れ、デモやキャンペーン、学習会や交流会など、さまざまなやり方で入管収容反対の活動を続けている。

おわりに

本書を読んでいただいた皆様、本当にありがとうございました。下手なりに一生懸命描かせていただきました。少しでも心に残っていただければ、とても嬉しいです。

私はよく「入管職員って、どんな人？」と聞かれることがあって、「普通の人かな……？」と答えています。面会を始めた当初は、かなり横柄な人が多かった気がします。日本人は入管のことをほとんど知らないし、職員は外国人に対して威張ってもいいという風潮が根強かったと思います。

最近になって、やっと入管が注目を集め、日本人の目にも留まるようになって、

対応が少しずつですが変わってきました。私も当初は職員が大嫌いで、敵意をむき出しにすることもしばしばありました。もちろん、迷いのようなものも常にありました。しかし、だんだんと職員と話をしていくようになっていきました。彼らも、自分たちの話を聞いてもらいたいという気持ちがあるのかもしれません。

今でも意地悪な職員はいますが、被収容者と仲が良く、感謝されている職員もいます。長いつき合いの中でだいたいわかってきたのは、ほとんどの職員は目の前の仕事をこなしているだけで、入管制度についてはよくわかっていないということです。「仕事だから」と使命感をもって働く人もいれば、「どこか間違っているのではないか……？」と疑問を抱きながら日々過ごしている人もいるようです。

結局のところは、制度そのものを変えていかないとならないのです。私がこの問題にかかわった２００４年から、残念ながら制度上での改善の様子は見られません。ただ、この問題を知る人が増えてきて、抗議活動や面会活動をしてくれる人が増えてきたという点では大きく変わってきました。最初は誰の目にも止まらなかったけど、発信を続けていくことをあきらめなくて、本当に良かったと思っています。

それでもまだまだ、多くの人に知ってもらいたいと思っています。なぜなら、この問題は誰に対しても関係のないできごとではないからです。
「もし自分が同じような立場になったら？」と少しでも想像してみてください。私たち日本人だって、いつどうなるのかわかりません。自身が日本に住めなくなって、難民として世界に出て行く場合もあるかもしれません。急に不景気になって、海外に出稼ぎに行く場合もあるかもしれません。
そんなことはまったくありえないという保証はどこにもないし、すでにそうしている人もいると聞きます。そんな時に、やはり誰かの助けが必要となり、その手を振り払われたらとても悲しいことだと思います。
「日本人は今まで外国人に冷たくしてきたから嫌だ」と、拒否されたくはありません。助け合いの心を持っていれば、いずれ自分が困ったときに必ず返ってくるはずです。苦しんでいる人をサポートすることは、必ず自分に良い形として返ってきます。
長崎の大村入管へ行ったとき、あれだけ当たり前のように弾圧を受けていたキリシタンは、現在は当たり前のように認められています。そこに最初に収容された在日朝鮮人たちも、今は収容されていません。このように、今苦しんでいる外国人たちも、「あの時はなんだったの？」となる時代が必ず来るのだと信じています。

誰もが笑って生きていける世界、それは実はそう難しいことではないのです。今ある決まりや概念にとらわれなければ、人はうまくやっていけるはずです。今や、日本は外国人の手を借りなければ成り立たない時代です。排除ではなく、協力し合って生きていきましょう。

最後に、本書の出版のお話を持ってきてくださった編集者の北村土龍さんのおかげで、私の描きためたマンガを本にすることができました。そして、デザイナーの山崎美生さんが、こんな素敵な本にデザインしてくださいました。

本当にお疲れ様です、ありがとうございました。

織田朝日

【著者プロフィール】
織田朝日（おだ あさひ）

外国人支援団体「編む夢企画」主宰。SYI「収容者友人有志一同」メンバー。2004年から入管での外国人への虐待的な扱いを知り、面会活動などをしながら当事者の証言を通してSNS、雑誌やウェブメディアなどで状況を積極的に発表している。
また、クルド人の子供たちの劇団「ウィンクス」の脚本・演出を担当、子供たちの体験をもとにした演劇を披露している。一児の母で、写真家として日本にいる難民たちを撮り続けており、個展も開催。
共著に『難民を追い詰める国』（緑風出版）、『日本を壊した安倍政権』（扶桑社）、著書に『となりの難民』（旬報社）など。

ある日の入管
～外国人収容施設は“生き地獄”～

発行日　　2021年2月28日　初版第1刷発行

著　者　　織田朝日

発行者　　久保田榮一

発行所　　株式会社　扶桑社
〒105-8070
東京都港区芝浦1-1-1　浜松町ビルディング
電話　03-6368-8875（編集）
03-6368-8891(郵便室)
www.fusosha.co.jp

デザイン　山崎美生
編　集　　北村土龍（扶桑社　SPA!編集部）
印刷・製本　サンケイ総合印刷株式会社

ISBN978-4-594-08746-3